YVES-ALEXANDRE THALMANN

Caderno de exercícios dos

fabulosos poderes da generosidade

Ilustrações de Jean Augagneur

Tradução de Stephania Matousek

EDITORA
VOZES

Petrópolis

© Éditions Jouvence S.A., 2013
Chemin du Guillon 20
Case 143
CH-1233 — Bernex
http://www.editions-jouvence.com
info@editions-jouvence.com

Título do original francês: *Petit cahier d'exercices des fabuleux pouvoirs de la générosité*

Direitos de publicação em língua portuguesa — Brasil:
2015, Editora Vozes Ltda.
Rua Frei Luís, 100
25689-900 Petrópolis, RJ
www.vozes.com.br
Brasil

CONSELHO EDITORIAL
Diretor
Gilberto Gonçalves Garcia

Editores
Aline dos Santos Carneiro
Edrian Josué Pasini
Marilac Loraine Oleniki
Welder Lancieri Marchini

Conselheiros
Francisco Morás
Ludovico Garmus
Teobaldo Heidemann
Volney J. Berkenbrock

Secretário executivo
João Batista Kreuch

Editoração: Gleisse Dias dos Reis Chies
Projeto gráfico: Éditions Jouvence
Arte-finalização: Sheilandre Desenv. Gráfico
Capa/ilustrações: Jean Augagneur
Arte-finalização: Editora Vozes

ISBN 978-85-326-4966-9 (Brasil)
ISBN 978-2-88353-386-6 (Suíça)

Editado conforme o novo acordo ortográfico.

Este livro foi composto e impresso pela Editora Vozes Ltda.

Dados Internacionais de Catalogação na Publicação (CIP)
(Câmara Brasileira do Livro, SP, Brasil)

Thalmann, Yves-Alexandre
Caderno de exercícios dos fabulosos poderes da generosidade / Yves-Alexandre Thalmann ; ilustrações de Jean Augagneur ; tradução de Stephania Matousek. — Petrópolis, RJ : Vozes, 2015. — (Coleção Cadernos: Praticando o Bem-estar)
Título original : Petit cahier d'exercices des fabuleux pouvoirs de la générosité
Bibliografia.

2ª reimpressão, 2019.

ISBN 978-85-326-4966-9
1. Generosidade 2. Psicologia aplicada
I. Augagneur, Jean. II. Título. III. Série.

15-00088   CDD-158

Índices para catálogo sistemático:
1. Generosidade : Psicologia aplicada 158

Bondade, generosidade, altruísmo... valores antiquados? De outra época?

Muito pelo contrário: eles estão voltando com força desde que a psicologia positiva – também chamada de ciência da felicidade – demonstrou que pessoas generosas eram mais felizes do que as outras.

Ser generoso não somente contribui para a felicidade dos outros, mas também nos torna efetivamente mais felizes. Não é à toa que, em francês, a palavra **bonheur**, que significa felicidade, começa com... **bon**, que significa bom!

Este caderno de exercícios reúne um tesouro de ideias para desenvolver a sua generosidade. Você aprenderá que ela não se resume a uma moedinha dada de vez em quando a um mendigo ou a alguns mililitros de sangue doados a cada cinco anos, mas sim que ela é oriunda de uma verdadeira arte de viver.

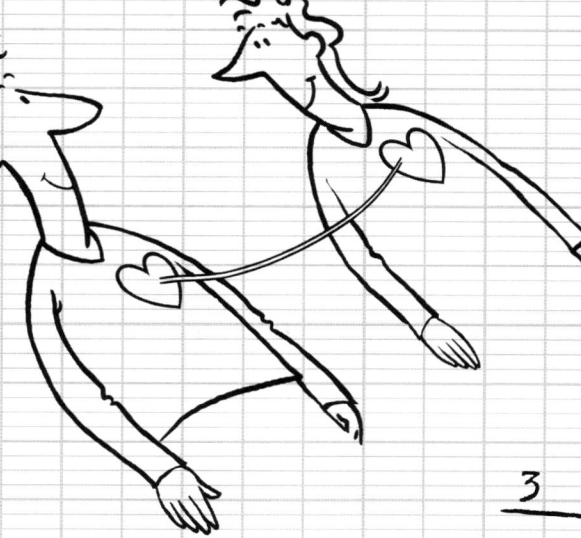

3

As duas sandálias

Na Índia, os trens estão sempre lotados. Um dia, um passageiro que estava sentado em cima de um vagão perdeu uma de suas sandálias, que caiu ao lado da via férrea. Ele imediatamente pegou sua outra sandália e a jogou para trás.

A pessoa que estava sentada ao seu lado ficou surpresa com seu gesto.

O homem lhe respondeu:

– O que você quer que eu faça com uma única sandália? Se alguém encontrar a que caiu, ela não lhe servirá para nada. Melhor encontrar o par!

E SE A GENEROSIDADE FOR ISSO?

Como se diz por aí, "Quem parte e reparte e não fica com a melhor parte ou é tolo ou não sabe da arte"

Bom e bobo começam com a mesma letra... assim como milhares de outras palavras!

A bondade ainda é muitas vezes associada à burrice e ingenuidade... Dizer que alguém é bonzinho geralmente não é um elogio.

"Ele é bonzinho, sabe? Bem bonzinho..."

Agora é a sua vez de fazer com que o ditado esteja errado!

Bom começa com a mesma letra que:

➤ **Bem-estar** (obviamente!)

➤ Benevolência

➤ Bravura

➤ Beneficência

➤ ....

➤ ....

➤ ....

➤ ....

➤ ....

Não é uma questão de moral nem de religião!

A generosidade é preconizada por todas as religiões, sejam elas quais forem! Ela adquire a forma de um imperativo moral e adota o nome de caridade.

Caridade:

- ➤ Amor a Deus e ao próximo, uma das três virtudes teologais.
- ➤ Qualidade que leva a querer o bem dos outros, generosidade.
- ➤ Ato de bondade, generosidade com os pobres e oprimidos.

Porém, neste caderno de exercícios, não abordaremos o tema da moral nem da religião, pois ele se destina a todo mundo, independentemente de crenças, convicções e fé. Aliás, não há a menor necessidade de fazer referência a nenhuma moral religiosa para **justificar** a generosidade. Bastam lógica e bom-senso.

O negócio não é ganhar um lugar no paraíso, mas sim criar um paraíso aqui embaixo.

Quando dividimos nossas riquezas com os outros em vez de acumulá-las somente para uso próprio, contribuímos para criar mais justiça social e, portanto, uma sociedade com menos tensões, menos greves e menos violência. Uma sociedade na qual é mais agradável viver para cada um – portanto, para nós também. CQD*

Se tivermos em vista o interese geral, e não o nosso próprio exclusivamente, quando dirigimos um veículo, evitamos forçar as prioridades e damos espaço para os outros usuários da estrada. Assim, levamos um pouco mais tempo para efetuar os trajetos, mas o tráfego fica mais fluido (sobretudo se o nosso exemplo for seguido por outros motoristas), e todo mundo tira proveito disso, inclusive nós mesmos. CQD*

8

* Como Queríamos Demonstrar, abreviação utilizada em provas matemáticas.

Quando fazemos um pouco mais do que a nossa parte de tarefas domésticas, os outros ficam menos estressados, e a atmosfera, mais descontraída. Portanto, eles ficam, por sua vez, com mais vontade de fazer favores, o que beneficia toda a família. CQD*

Anote abaixo a sua própria definição de generosidade:

. . . .

. . . .

A melhor maneira de servir seus próprios interesses ainda é ajudando os outros a realizarem os deles...

Imagine uma argumentação:

Se. . . . .

. . . .

. . . .

. . . .

> *Ao visar ao bem de todos, e não ao nosso próprio bem exclusivamente, a generosidade contribui para um mundo melhor, do qual nós nos beneficiamos também!*

O que é, afinal, a generosidade?

Ser generoso é agir pelo interesse dos outros, e não por interesse próprio.

Ser generoso é agir de modo desinteressado.

Ser generoso é dar sem esperar nada em troca.

Mas cuidado! A verdadeira generosidade resulta sempre de uma

LIVRE ESCOLHA.

Por isso, a generosidade se insere na continuidade da autoafirmação.

VAMOS, DEIXE DISSO,
NADA DE VIOLÊNCIA.
TOME E DIVIDA
COM SEUS AMIGOS!

Generosidade ou autoafirmação: não precisa escolher!

Às vezes, as pessoas que estão buscando aumentar sua capacidade de autoafirmação no início se afastam da generosidade, pensando que ambas são incompatíveis - por exemplo, quando elas aprendem a dizer "não".

Na verdade, não somente uma coisa não exclui a outra, mas ambos os valores estão indissociavelmente ligados.

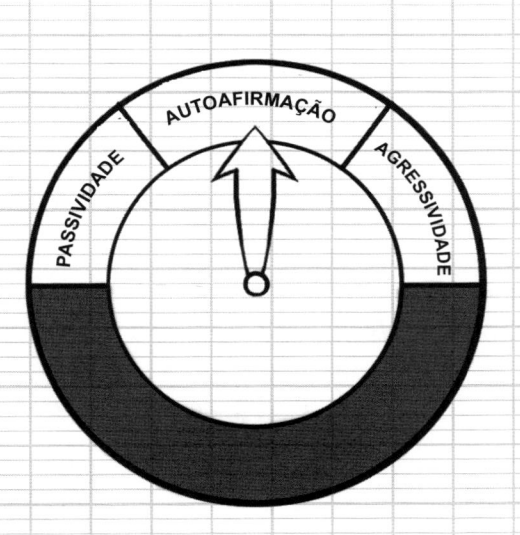

Pequeno lembrete:
A autoafirmação se situa entre dois extremos: a passividade e a agressividade.

Passividade é se deixar levar, apagar a si mesmo para não criar confusão, sacrificar-se pelos outros, por medo de não ser mais amado ou por falta de audácia.

Valor: Não criar confusão.

Slogan: "Finja que eu não existo!"

Símbolo: **capacho**

Agressividade é buscar obter de qualquer jeito o que você deseja, mesmo que tenha de apelar para a força e a violência, em detrimento dos outros. É pensar unicamente nos seus próprios desejos, colocando-os acima dos desejos dos outros.

Valor: Atingir seus objetivos custe o que custar.

Slogan: "Eu primeiro, os outros que se danem."

Símbolo: **trator**

12

Autoafirmação é visar satisfazer as necessidades e respeitar os direitos de cada um, em uma interação na qual todos saem ganhando.

Valor: Respeito por cada um.

Slogan: "Todos saem ganhando."

Símbolo: **um aperto de mão**

Aritmética dos relacionamentos

Podemos resumir os estilos de comportamento através de sinais aritméticos:

+ designa necessidades e desejos satisfeitos e direitos respeitados. **13**

− designa necessidades e desejos não satisfeitos e direitos não respeitados.

Eu	Os outros	
−	+	**Passividade**: Eu me sacrifico pelos outros.
+	−	**Agressividade**: Eu sacrifico os outros para me saciar.
−	−	(Sem nome específico): Ninguém é respeitado.
+	+	**Autoafirmação**: Cada um é levado em consideração.

Portanto, uma pessoa que tenha autoafirmação se preocupa com os outros! Senão, o que ela tem não é autoafirmação!

Como você reage na seguinte situação?

No caixa de uma loja, alguém fura a fila na sua frente.

Reação **passiva**: você deixa isso acontecer sem dizer nada, mas pensando consigo mesmo que as pessoas realmente não têm o menor respeito.

Reação **agressiva**: você insulta aquele mal-educado; se necessário, você o segura pelo colarinho para lhe ensinar boas maneiras e colocá-lo no seu lugar.

Reação **afirmada**: você lhe diz educadamente: "Eu cheguei antes de você", retomando o lugar que lhe é de direito.

Obs.: Não são os indivíduos que são passivos ou agressivos, mas sim os comportamentos. Ninguém é sempre passivo, agressivo ou afirmado. Depende das situações.

Agora é com você:
Situação: no restaurante, o garçom traz um prato que não corresponde ao seu pedido.

Reação **passiva:**

. . . .

. . . .

. . . .

Reação **agressiva:**

. . . .

. . . .

. . . .

Reação **afirmada:**

. . . .

. . . .

. . . .

E o que fazer em relacionamentos duradouros?

Mais vale adotar uma atitude passiva, agressiva ou afirmada para manter um relacionamento de **longo** prazo?

NÃO SE INCOMODE, ESTOU ADORANDO!

Vamos excluir de cara a agressividade: quando o outro não é respeitado, ele acaba querendo romper o relacionamento.

A passividade também não traz vantagens: é claro que, no início, ela permite evitar conflitos. O outro fica satisfeito de estar com alguém que acata os desejos dele. Porém, quem se sacrifica e não obtém nenhuma compensação em troca acaba se sentindo mal... e ficando chateado com o outro. O prazer do relacionamento vai sumindo gradualmente. Portanto, é uma péssima aposta (assim como a de alguém que tenha o hábito de comer alimentos que dão prazer momentaneamente, mas que prejudicam a saúde).

Deixar o outro pisar em você é a melhor maneira de degradar o relacionamento, e, mais cedo ou mais tarde, você acaba fazendo o outro pagar por isso. E aí vem a agressividade!

17

Afirmar-se é a melhor
maneira de cultivar relacionamentos
humanos, em uma perspectiva
de longo prazo.
Generosidade é... se preocupar com
a qualidade dos relacionamentos.

A generosidade se manifesta na forma de se relacionar com os outros. Ela busca tornar os relacionamentos agradáveis e enriquecedores, em vez de tentar obter a qualquer preço o que o outro deseja.

Ser generoso é

recusar-se a botar pressão.

"Hein, você bem podia me fazer aquele favorzinho... Vai ser rapidinho..."

Ser generoso é

recusar-se a fazer chantagem.

"Se você não me ajudar agora, não conte mais comigo no futuro!"

Ser generoso é

recusar-se a manipular.

"Você, que entende tanto de informática... Como você faria para..."

Ser generoso é

recusar-se a fazer papel de vítima.

"Ah, é tão difícil ficar sozinho, sem ninguém para te visitar..."

Que comportamentos nocivos para relacionamentos você poderia recusar por generosidade?

▶▶ Ficar emburrado

▶▶ ....

▶▶ ....

▶▶ ....

▶▶ ....

▶▶ ....

▶▶ ....

▶▶ ....

▶▶ ....

▶▶ ....

▶▶ ....

▶▶ ....

Variações sobre um tema famoso

Deixe de ser bonzinho e seja verdadeiro é o título de um **best-seller** escrito por Thomas d'Ansembourg e que fala de comunicação não violenta (aliás, nós recomendamos que você o leia).

No entanto, o título induz a um erro: não é preciso escolher entre autenticidade e bondade. Ambas combinam perfeitamente!

Imagine outros títulos para o novo *best-seller* da generosidade:

Seja bonzinho, sem deixar de ser verdadeiro!

SEJA REALMENTE BONZINHO!

Ser bonzinho é ser verdadeiro!

. . . .

. . . .

. . . .

. . . .

. . . .

. . . .

Generosidade é... escolher livremente ser generoso

A generosidade procede de decisões **livres**: doar pelo prazer de doar, e não pelos benefícios esperados em troca.

Doar **por prazer**, e não:

Doar por **culpa**: se eu não doar, vou me sentir culpado – por exemplo, dar uma moedinha a um mendigo que encontrei na rua.

Doar para **ficar com a consciência tranquila**: se eu não doar, será difícil para eu aguentar o mal-estar suscitado pela visão do sofrimento alheio.

Doar por **interesse**: se eu não doar, não receberei favores em troca.

Doar por **obrigação moral**: se eu não doar, não vou mais me considerar um bom cristão, um bom muçulmano, um bom budista etc.

Doar sob **pressão**: se eu não doar, vou ser malvisto pelos outros – por exemplo, colocar uma nota de dez reais naquele envelope que está circulando pelo escritório para o aniversário de uma pessoa que eu nem conheço.

Doar por **falta de autoafirmação**: eu costumo doar porque não ouso recusar – por exemplo, eu me sinto obrigado a dar uma contribuição àquelas pessoas que fazem propaganda na rua para obras de caridade.

Indique situações nas quais você efetivamente doou, mas não por livre escolha.

▶ . . . .

▶ . . . .

▶ . . . .

Segundo psicólogos, haveria somente 15% de verdadeiros altruístas, que ajudam apenas por prazer de ajudar, sem nenhum interesse pessoal e sem nem visar ao sentimento de orgulho de ter ajudado.

Você sabe como reconhecê-los?
Os verdadeiros altruístas também se alegram quando é outra pessoa que oferece ajuda em uma situação que assim o exige.
Para eles, o que conta é o resultado!

ROLHA DE POÇO
BUJÃO DE GÁS
BALEIA ASSASSINA
PUDIM DE BANHA
LONA DE CIRCO

O que vale para a generosidade também vale para a não violência: A **escolha** de não reagir com violência é mais convincente quando colocada em prática por um cara barra-pesada do que por um velhinho fraquinho que, de qualquer forma, não conseguiria utilizar seus punhos para se defender.

É por isso que a verdadeira generosidade é oriunda da autoafirmação.

24

Não aspire à perfeição!

Se tiver de escolher, mais vale um ato de generosidade que resulte de motivações não totalmente altruístas do que nenhum ato de generosidade!

Um mendigo que recebe uma moedinha não está nem aí para as razões que suscitaram o gesto do doador!

Não reprima os impulsos de **generosidade** que inspirarem você... Até o menor impulso sempre conta!

Não poupemos esforços para criar **um mundo mais bonito**, pois cada gesto conta!

"Mergulhados até os joelhos, nós estávamos nos debatendo contra as ondas para contornar uma ponta rochosa. Ela respirou profundamente, e eu pensei que ela ia me dizer alguma coisa. Porém, na verdade, essa era a reação de Mama Chia a uma das mais tristes e estranhas visões que eu já contemplei: milhões de estrelas-do-mar, lançadas pela recente tempestade, espalhavam-se pela praia. Lindas estrelas, com cinco pontas, rosas e douradas, jaziam sob o ardente sol, secando e morrendo.

Eu parei bruscamente, tomado de horror diante daquele gigantesco cemitério marinho. Eu havia lido coisas sobre baleias e golfinhos encalhados, mas nunca havia visto nenhum. Agora, face a milhares de criaturas morrendo, eu me sentia paralisado e impotente. Mama Chia, no entanto, não poupando o menor de seus passos claudicantes, avançou até uma estrela-do-mar que estava bem perto, abaixou-se, pegou-a, foi até a beira do mar e a colocou novamente na água. Em seguida voltou, pegou outra estrelinha-do-mar e a devolveu ao seu elemento.

Consternado pelo número incalculável de estrelas-do-mar, eu disse:

– Mama Chia, há tantas estrelas. Que diferença faz?

Ela me olhou enquanto se abaixava para repor outra estrela no mar.

– Faz diferença para esta estrela, respondeu ela."

MILLMAN, D. *A jornada sagrada do guerreiro pacífico*.

Ato de generosidade gratuito

Dê uma nota de 10, 20 ou 50 reais (dependendo das suas finanças) para alguém, com apenas uma ordem: "Faça o que você quiser com esse dinheiro! Eu nem quero saber o que você vai comprar, eu só gostaria que você gastasse esse dinheiro com alguma coisa que lhe agradasse".

Para quem você vai dar esse dinheiro?

. . . .

. . . .

. . . .

. . . .

Uma vez o dinheiro dado: como você está se sentindo?

. . . .

. . . .

. . . .

. . . .

Obs.: Você também é *alguém*!

Se você recebesse esse dinheiro, como você o gastaria?

. . . .

. . . .

. . . .

Generosidade é... praticar carinhos invisíveis

Carinhos não são exclusivamente físicos. Todo gesto simbólico que vise a dar prazer a alguém pode ser qualificado de carinho. Um carinho invisível é se recusar a fazer uma censura ou crítica. Ele é invisível, porque o destinatário nem se dá conta de que recebeu o carinho. Mas o efeito positivo é incontestável...

Por exemplo:

▶▶ Não dar bronca no seu cônjuge por ele ter se esquecido de puxar a descarga no banheiro e fazê-lo em seu lugar.

▶▶ Não criticar seu colega por ele não ter esvaziado o cesto de papel, mas em vez disso esvaziá-lo em seu lugar.

▶▶ Não reclamar com o vizinho por ele ter deixado folhas mortas voarem para a sua propriedade, mas sim varrê-las em silêncio.

Lembrete importante: um carinho invisível é um ato de generosidade **deliberado**. Ele não deve levar à passividade. Se você estiver esperando uma mudança por parte da outra pessoa, é indispensável conversar com ela... sem, no entanto, fazer-lhe reprimendas (pedidos são mais eficientes do que reprimendas ou críticas para obter uma mudança de comportamento).

Que carinhos invisíveis você poderia oferecer:

Ao seu cônjuge?

. . . .

. . . .

Aos seus filhos?

. . . .

. . . .

Aos seus colegas?

. . . .

. . . .

Dar...

Risque todas as expressões que contenham o verbo dar em um contexto que não esteja associado à generosidade.

Dar uma mãozinha

Dar tempo

Dar a si mesmo de corpo e alma

Dar volume

Dar um pouco de si

Dar a mão

Dar a mão à palmatória

Dar rédea solta

Dar atenção

Dar um soco

Dar asas

Dar corpo

Dar gases

Dar o tom

Dar à luz

Dar o exemplo

Generosidade é... dirigir com educação

A generosidade consiste em enxergar além do seu próprio umbigo, tendo em vista interesses mais vastos.

Esse lema se aplica perfeitamente ao trânsito, onde o comportamento de cada um determina a fluidez geral do tráfego.

> **Lembre-se: você nunca está em um engarrafamento, você é parte do engarrafamento!**

Como você poderia, por generosidade, fazer com que o interesse de todos os motoristas passasse antes do seu próprio interesse?

▶▶ Deixar um carro entrar na sua faixa, mesmo que você tenha a prioridade.

▶▶ Refrear uma buzinada ou um insulto (olhe só, isso parece um carinho invisível!)

▶▶ Praticar a "filosofia do zíper" ao se aproximar de rotatórias, em vez de forçar passagem (um atrás do outro, em fila indiana...).

- ▸▸ Deixar um grande espaço entre o seu carro e o da frente, em vez de "colar" nele.

- ▸▸ Respeitar as regras de estacionamento e principalmente não ocupar uma vaga durante muito tempo, para dar lugar a outros motoristas.

- ▸▸ Prestar especial atenção a motocicletas, abrindo-lhes o espaço necessário.

Como você poderia dirigir com mais generosidade?

. . . .

. . . .

O que você vai colocar em prática logo a partir de hoje?

. . . .

. . . .

Prioridade à educação!

Dar e receber: uma dupla indissociável

Dar é melhor do que receber, escuta-se por aí.

Com certeza o cara que imaginou esse **slogan** era lutador de boxe.

Toma! Eu te dou esse soco de presente!

Eu recuso!

Na vida cotidiana, essa dupla é **indissociável**: se você der a alguém que se recusa a receber, você não deu nada!

A quem pertence um presente que o destinatário recusou?

Como você poderia treinar a sua capacidade de... receber?

Receber um elogio: "Obrigado, isso me enche o coração de alegria!"

Em vez de: "Ah, que isso, imagina..."

Se você não manifestar prazer ao receber elogios e minimizá-los, você transmitirá aos outros um sinal para eles não continuarem: você então acabará recebendo cada vez menos elogios, deixando, no final, a sua necessidade de reconhecimento descuidada.

Receber um presente: "Obrigada, adorei!"

Em vez de: "Não precisava..."

Essa é uma maneira de estragar o prazer de quem está oferecendo e incitá-lo a não lhe dar mais nada.

Receber ajuda: "Muito obrigado!"

Em vez de: "Não quero lhe dar trabalho..."

Essa é uma maneira de desanimar quem está tentando lhe dar uma mãozinha...

Agora é sua vez:

Receber ....

Receber ....

Ser GENEROSO, também é saber receber.

Generosidade é... dar mais

Todas as sociedades humanas estão organizadas em torno do escambo. Como ninguém sabe fazer tudo, trocamos o fruto de nossas competências pelo dos outros: eu sei pescar, mas não sei fazer pão etc.

Todas as sociedades humanas também conhecem a regra da reciprocidade: um serviço gratuito demanda outro serviço gratuito, uma ajuda deve ser retribuída etc. "Você ajudou quando eu me mudei, eu ajudarei você quando for a sua vez de se mudar."

Esse sistema de escambo e troca permite garantir o funcionamento de uma sociedade. Mas não seu funcionamento PERFEITO! Porque quem não tem nada para dar não pode receber nada, já que, para receber, é preciso poder dar.

É assim que os mais desamparados estão fadados a ficarem ainda mais pobres...

É o que permite a exploração dos mais pobres pelos mais ricos. Estes últimos se tornam cada vez mais ricos. Eles se permitem abusar dos mais pobres na maior impunidade!

Em sua opinião, o que pode justificar salários astronômicos? De membros de diretorias, políticos, celebridades do **show business**, esportistas de elite (jogadores de futebol, de tênis, pilotos de Fórmula 1 etc.)?

Não é inaceitável que um executivo ganhe em um ano o que um caixa de supermercado não conseguiria acumular em mil vidas?

É
inadmissível!
É **ponto-final.**

Segundo você, qual deveria ser a diferença de salário máxima autorizada entre o mais rico e o mais pobre de uma mesma sociedade?

. . . .

. . . .

. . . .

. . . .

. . . .

. . . .

. . . .

Dinheiro não se cria: é uma moeda de troca. Ter uma quantidade enorme de dinheiro significa necessariamente que outros estão desprovidos! Não existe milagre.

Pensando bem, pode existir um milagre: doar!

Doar tudo o que é supérfluo para nós a quem estiver passando necessidade.

Todo mundo sai ganhando com uma justiça social maior:

Haverá menos violência

menos guerras

menos epidemias

Complete! {
menos............................

menos........................

menos......................

"Trabalhar mais para ganhar mais" é um **slogan** que traz necessariamente mais injustiças: em um planeta com recursos limitados, é catástrofe garantida!

Dividir melhor o trabalho para viver melhor – isso sim promete um mundo mais agradável de se viver.

E por que não: **Doar mais para viver melhor?**

Porque doar (gratuitamente) é acrescentar uma mais-valia ao sistema comercial e mercantil.

39

Como você poderia doar mais no seu trabalho?

➤ Não cobrar de um cliente um servicinho extra.

➤ Efetuar as mesmas tarefas, mas com um sorriso nos lábios.

➤ ....

➤ ....

➤ ....

➤ ....

O único crescimento sustentável possível é aquele garantido pela generosidade!

Obs.: Não fique esperando que leis para promover a generosidade instaurem uma mudança social. Elas estariam condenadas ao fracasso, assim como o comunismo imposto à força se revelou um fracasso desastroso. Somente uma transformação pessoal pode nos levar até lá. E ela começa em cada um de nós!

Ah, o dinheiro!

Muitas vezes, as pessoas buscam ter dinheiro só para ter dinheiro. Ele é considerado um símbolo de segurança, riqueza e sucesso.

Temos de admitir que o dinheiro pode prejudicar a generosidade! As pessoas então buscam acumulá-lo, em vez de fazerem com que ele circule.

E se você transformasse o seu dinheiro em vetor da sua generosidade?

Pense nisso: não é porque você está pagando por um serviço que você pode se permitir ser antipático e considerar que os outros têm a obrigação de lhe servir! Você está fazendo simplesmente um escambo.

Seja generoso em seus agradecimentos, parabéns... e **gorjetas**.

41

Um vendedor ambulante... muito elegante!

Praias turísticas geralmente são o espaço de trabalho de muitos vendedores ambulantes. Há de todos os tipos: os depressivos abatidos, com um passo arrastado e cansado e de cuja lenga-lenga ninguém entende xongas; os sufocantes, que cismam em escolher você e depois não o deixam mais em paz; os que tentam nos deixar com pena; os que têm apenas um objetivo: enganar os clientes; e todos os outros.

Em Barceloneta, a praia de Barcelona, havia um vendedor de doces um pouco singular. Não que ele fosse o único a vender doces, mas dava para ouvi-lo de longe, pois ele vinha cantando e ao mesmo tempo dançando, com sua bandeja em equilíbrio em cima da cabeça. Sua proeza consistia em se sentar ao lado do cliente enquanto continuava a cantar, sem tocar na sua bandeja com as mãos.

Nem preciso dizer que ele fazia um tremendo sucesso!

Simples astúcia publicitária para vender mais? Talvez... Mas ele era incontestavelmente generoso.

Por quê?

Os outros turistas, que não compravam seus doces, também assistiam – e de graça – seu espetáculo. Muitos tinham um sorriso nos lábios.

Além disso, aquele vendedor **dava** uma mais-valia à sua profissão. Fazendo isso, cada novo dia representava um desafio aos seus olhos. Ele encontrava prazer ali onde outros se contentavam em ganhar o pão. Ele não necessariamente conseguia vender mais no final do dia, mas, em todo caso, tinha passado um dia melhor.

> ### Dar mais... para ganhar mais?

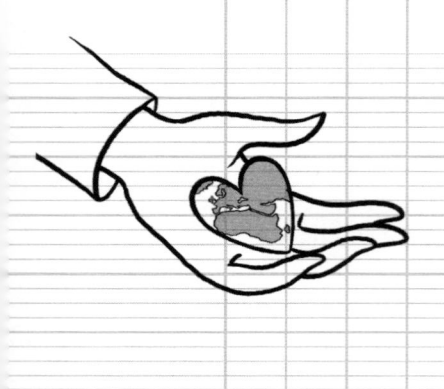

Generosidade é... pensar de forma global

▶▶ *Querer o melhor preço muitas vezes é fazer os mais pobres (de novo eles!) pagarem. Lá do outro lado do mundo – culpa da globalização!*

Pense nisso: quem queima a largada para queimar preços sai atropelando tudo o que vê pela frente!

Como você poderia exercer a sua generosidade social?

▶ Comprar produtos locais, mesmo que tenha de *pagar mais caro*, para promover o comércio de proximidade e boicotar os grandes distribuidores.

▶ Comprar produtos oriundos do comércio equitativo, mesmo que tenha de *pagar mais caro* (por exemplo, o selo Max Havelaar).

▶ Comprar produtos orgânicos, no intuito de contribuir para salvar o meio ambiente, reduzindo a quantidade de produtos químicos despejados na natureza.

▶ ....

....

....

▶ ....

....

....

▶ ....

....

....

Pagar mais talvez não seja uma vantagem imediata para você, mas contribui para construir um mundo melhor! Generosidade também é isso.

Generosidade é... deixar um pouco para os outros

Em que estado você vai entregar aos seus filhos o planeta que você herdou dos seus ancestrais?

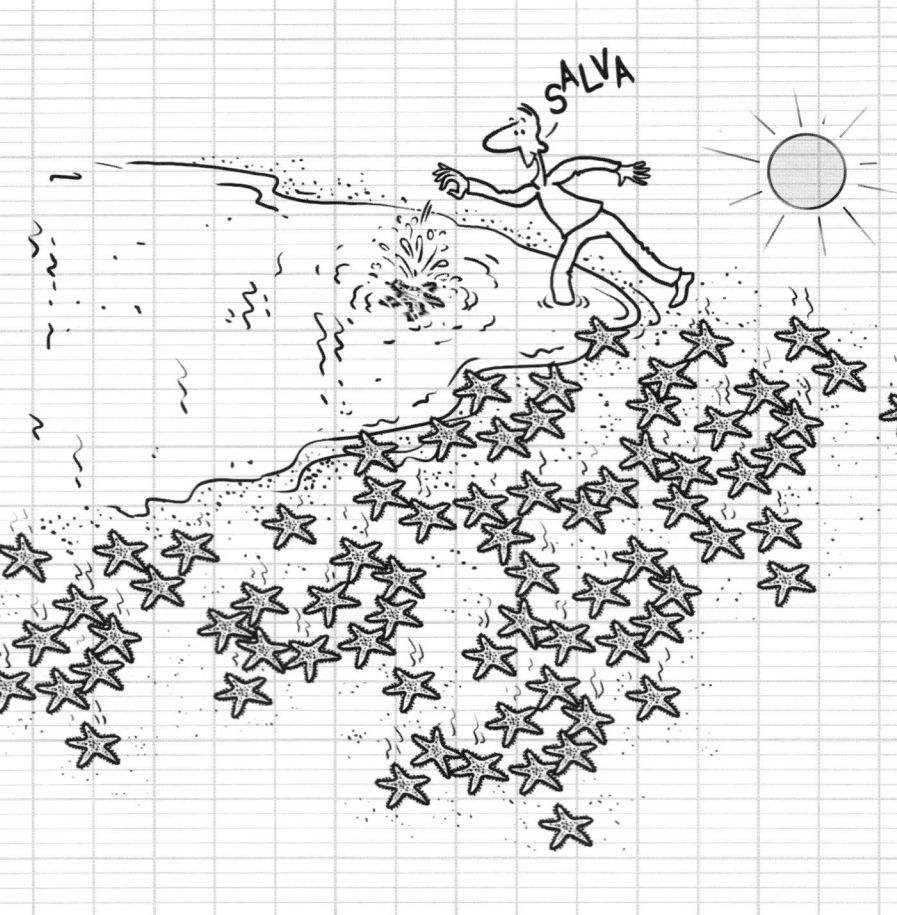

Generosidade é... pegar emprestado em vez de se apropriar.

Lembre-se de que você não levará nada consigo na sua última viagem: tudo lhe foi emprestado por uma duração limitada...

Como você poderia exercer a sua generosidade *ecológica*?

Por exemplo, diminuindo a sua *pegada ecológica*: recusar-se a fazer certos trajetos de carro, pegar transporte público, favorecer energias renováveis, privilegiar aparelhos com fraco consumo energético (A++)...

▸▸ . . . .

. . . .

▸▸ . . . .

. . . .

▸▸ . . . .

. . . .

Você já pensou em exercer a sua generosidade para com o meio ambiente? Por exemplo, recolher o lixo que você encontrar pelo caminho! Tudo bem, não foi você que o jogou no chão... Mas quem mais, além de você, poderia recolhê-lo? O meio ambiente não tem outros braços, a não ser os seus.

Ser generoso também é consumir com moderação e sobriedade.

> **Estudos científicos comprovam que achamos mais gostosos alimentos presentes em pequenas quantidades. Comprar/preparar menos é saborear mais, é apreciar mais!**

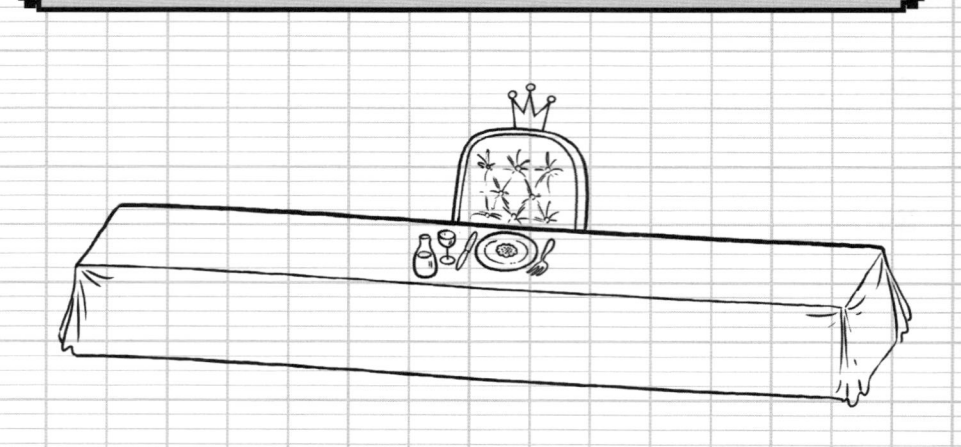

Pense no que acontece em um restaurante que serve rodízio (também poderíamos dizer "que serve **a torto e a direito**", e com razão!). Para fazer um bom negócio, os clientes se empanturram ao máximo, independentemente de sua verdadeira fome. Eles apreciam menos a comida que estão ingurgitando e acabam até passando mal por estarem com o estômago tão cheio.

Comer menos carne, que é, por sua vez, uma grande consumidora de recursos: para produzir um quilo de carne são necessários entre dez e quinze quilos de cereais. Faça os cálculos para saber mais quantas pessoas poderiam ser alimentadas graças à sua moderação!

Cálculos aritméticos para reduzir o meu consumo de carne pela metade:

Consumo anual de carne / 2 × 15 = quilos de cereais adicionais.

Quilos de cereais adicionais × 5 / 365 = número de pessoas que poderiam se beneficiar de uma refeição adicional cotidiana durante um ano.

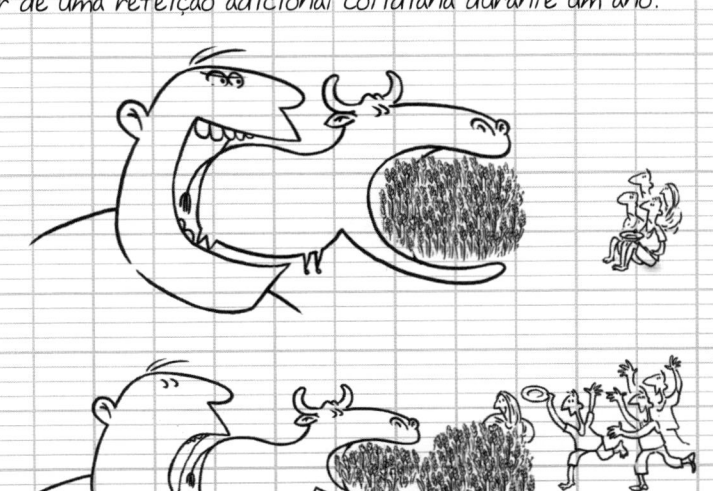

49

> *Os animais são nossos amigos! Consumir carne sempre implica matar animais! Generosidade também é deixar os animais viverem.*
> *"A maioria das pessoas considera que o direito à vida dos frangos e dos porcos termina onde começa o nosso prato."*
>
> Luca Cavalli-Sforza

Generosidade também é não prejudicar outras espécies! Procurar comprar o estritamente necessário, para não desperdiçar nada. Como se pode jogar comida fora enquanto tantas pessoas passam fome no mundo?

Generosidade é... saber dividir

"O amor é a única coisa que se multiplica toda vez que é dividido."

Albert Schweitzer

Sinto muito, caro Albert, mas você está errado: a generosidade também se multiplica quando é dividida...

51

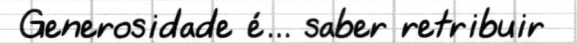

Generosidade é... saber retribuir

Todo ato de bondade recebido deveria ser retribuído com uma mais-valia. Não às pessoas que nos proporcionaram o ato (pois, senão, isso seria apenas um escambo), mas a outras pessoas, com um efeito multiplicador.

> **Palavra de ordem: Nunca guardar para si mesmo um ato generoso, mas sim retribuí-lo (pelo menos) EM TRIPLO!**

Invente uma regra:

Cada ato de bondade recebido deve dar origem a três atos de bondade proporcionados.

E não esqueça os atrasados! O saldo devedor já está extremamente pesado quando chegamos à idade adulta, se contarmos tudo o que nossos pais e professores nos deram!

O que os seus pais lhe deram, além dos cuidados que deviam lhe dar?

▶▶ ....

▶▶ ....

▶▶ ....

▶▶ ....

▶▶ ....

▶▶ ....

▶▶ ....

▶▶ ....

▶▶ ....

▶▶ ....

▶▶ ....

▶▶ ....

▶▶ ....

▶▶ ....

▶▶ ....

▶▶ ....

Generosidade é... dedicar tempo

Como você enxerga o tempo?

Como uma quantidade que diminui?

Ou como os homens da Antiguidade?

> **Vulnerant omnes, ultima necat**
> Todas as horas ferem, a última mata.
>
> **Irreparabile fugit tempus**
> O tempo foge irresistivelmente.

Ou ainda, como um financista?

> É preciso ganhar tempo, investir tempo, não perder tempo.

A menos que você goste de matar o tempo?

Qual é a sua visão do tempo?

*Aliás, será que é realmente possível **perder** tempo?*

E se você decidisse enxergar o tempo mais como uma qualidade?

Como, então, tornar o tempo mais rico com a sua generosidade?

▶▶ Oferecendo sua presença a alguém...

▶▶ Fazendo companhia a pessoas sozinhas...

▶▶ Dedicando tempo a explicar algo ou brincar com uma criança...

▶▶ ....

....

▶▶ ....

....

▶▶ ....

....

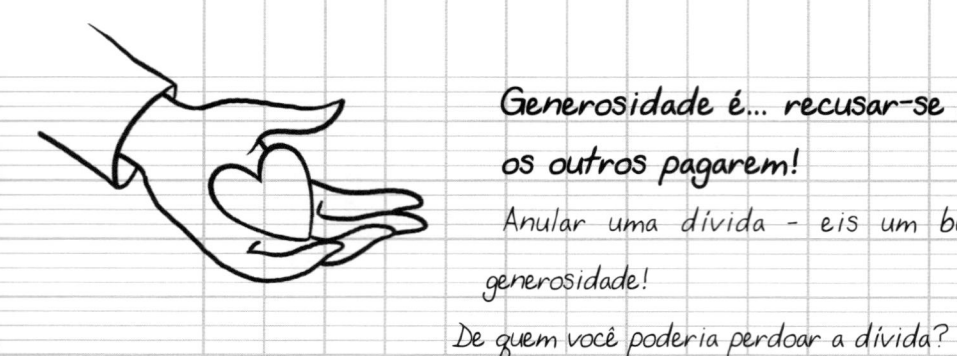

Generosidade é... recusar-se a fazer os outros pagarem!

Anular uma dívida - eis um belo ato de generosidade!

De quem você poderia perdoar a dívida?

Nome	Razão	Data da dívida

Opa! Espere um pouco. Como somos generosos, nós não esquecemos o segundo sentido da expressão **fazer alguém pagar**: se vingar.

De quem você poderia desistir de se vingar?

Nome	Razão	Data da dívida

Ser generoso também é saber perdoar.

*(**Doar** e **perd**oar são primos chegados.)*

Generômetro

Classifique as personagens de história em quadrinhos abaixo em função de sua generosidade no generômetro a seguir:

10

0

Pato Donald	Mickey
Tintim	Papai Smurf
Mônica	Homem Aranha
Mafalda	Snoopy

Você também pode tentar com figuras políticas: Gandhi, Martin Luther King, Barak Obama, George W. Bush, Dilma Rousseff, Silvio Berlusconi, Vladimir Putin etc.

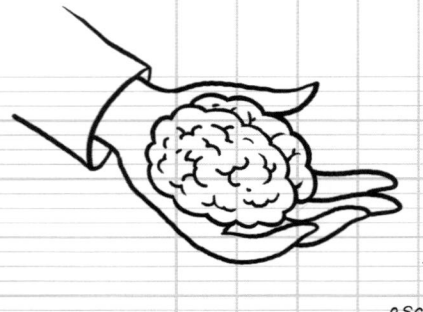

Generosidade é... compartilhar seus conhecimentos

Seja generoso com seus conhecimentos.

Durante uma entrega de diplomas, o diretor de uma escola fez um discurso cuja ideia principal era:

"Não pensem que vocês são mais espertos do que os outros. Simplesmente, muito lhes foi dado, mas muito lhes será exigido. Cabe a vocês retribuir à sociedade o que ela lhes deu".

Pense nisso: Um conhecimento não compartilhado é um conhecimento morto. Um conhecimento é semelhante a um **parasita**: ele precisa de você para existir!

Como você poderia compartilhar seus conhecimentos?

▶▶ Ensinar alguém a cozinhar um prato que seja uma especialidade sua.

▶▶ Ensinar alguém a ler.

▶▶ Escrever um *Caderno de Exercícios* pessoal e oferecê-lo a alguém.

▶▶ . . . .

▶▶ . . . .

A generosidade é... um paradoxo !

Você chegou ao fim deste **Caderno de exercícios**, repleto de incentivos para se comportar de maneira generosa no futuro.

Porém, há uma informação crucial sobre a generosidade que nós ainda não abordamos:

Os atos de generosidade proporcionam sentimentos agradáveis e uma boa imagem de si mesmo a quem os pratica; ser bom faz bem!

Imagine se o Criador (não se preocupe, como prometido, não vamos falar de religião nem de moral!) tivesse querido complicar as coisas e programado o nosso cérebro para sentir uma emoção desagradável, tipo culpa ou vergonha, a cada ato de generosidade cometido. Você acha que ainda haveria muitas pessoas praticando a generosidade?

*Temos de admitir que quem é generoso faz bem a si mesmo **igualmente**. Para prová-lo, recorde os três atos de generosidade gratuita que você realizou recentemente.*

Como você está se sentindo neste momento? Marque os sentimentos presentes em você:

Depressão	Estímulo	Otimismo
☐	☐	☐
Felicidade	Aborrecimento	Culpa
☐	☐	☐
Alegria	Muita energia	Pessimismo
☐	☐	☐
Incentivo	Temor	Inveja
☐	☐	☐

De fato, a psicologia positiva já comprovou (a partir de experiências cien-
tíficas) que pessoas que se mostram generosas veem sua felicidade aumentar.
Não é uma pequena alegria superficial e rapidamente dissipada, mas sim
uma felicidade profunda, autêntica e duradoura, assim como afirma Tal
Ben-Shahar, professor de psicologia positiva em Harvard:

> *"Quem contribui para o bem-estar dos outros obtém tanto benefício pessoal que, a meu ver, não há nada mais egoísta do que um gesto generoso. A recompensa da generosidade como estilo de vida se manifesta não em forma de sucesso material, mas nós percebemos invariavelmente seus dividendos em forma de capital supremo"*, ou seja, felicidade.

Que paradoxo! Fazer o bem ao seu redor também contribui para fazer bem
a si mesmo. Generosidade e dons gratuitos são, portanto, excelentes dinami-
zadores de felicidade...

<u>61</u>

* BEN-SHAHAR, T. *Aprenda a ser feliz.* Alfragide: Lua de Papel, 2008.

GENEROSIDADE é... o ponto onde o egoísmo e o altruísmo se reúnem e suas diferenças se dissolvem, deixando subsistir apenas felicidade.

Campeão de generosidade!

Antes de fechar este caderno, determine seus objetivos de generosidade, igual aos escoteiros, que se esforçam para concretizar pelo menos uma BA (boa ação) cotidiana.

Meu objetivo (marque o que lhe for conveniente):

☐ 1 ato de generosidade cotidiano.

☐ 5 atos de generosidade cotidianos.

☐ 10 atos de generosidade cotidianos.

_____ atos de generosidade cotidianos.

Você pode dar prioridade a certas categorias em especial, com o auxílio do quadro a seguir:

Atos/ destinatários	Pessoas familiares	Desconhecidos
Premeditados (determinados de antemão)	exemplo: ➤ falar com a vizinha idosa	exemplo: ➤ doar sangue regularmente
Espontâneos (decididos na hora)	exemplo: ➤ desistir de uma crítica	exemplo: ➤ ceder seu lugar em uma fila de espera

Não sonhe alto demais no início. Procure perseverar um tempo, até se tornar um verdadeiro campeão de generosidade.

Coleção Praticando o Bem-estar
Selecione sua próxima leitura

- ☐ Caderno de exercícios para aprender a ser feliz
- ☐ Caderno de exercícios para saber desapegar-se
- ☐ Caderno de exercícios para aumentar a autoestima
- ☐ Caderno de exercícios para superar as crises
- ☐ Caderno de exercícios para descobrir os seus talentos ocultos
- ☐ Caderno de exercícios de meditação no cotidiano
- ☐ Caderno de exercícios para ficar zen em um mundo agitado
- ☐ Caderno de exercícios de inteligência emocional
- ☐ Caderno de exercícios para cuidar de si mesmo
- ☐ Caderno de exercícios para cultivar a alegria de viver no cotidiano
- ☐ Caderno de exercícios e dicas para fazer amigos e ampliar suas relações
- ☐ Caderno de exercícios para desacelerar quando tudo vai rápido demais
- ☐ Caderno de exercícios para aprender a amar-se, amar e – por que não? – ser amad(a)
- ☐ Caderno de exercícios para ousar realizar seus sonhos
- ☐ Caderno de exercícios para saber maravilhar-se
- ☐ Caderno de exercícios para ver tudo cor-de-rosa
- ☐ Caderno de exercícios para se afirmar e – enfim – ousar dizer não
- ☐ Caderno de exercícios para viver sua raiva de forma positiva

- ☐ Caderno de exercícios para se desvencilhar de tudo o que é inútil
- ☐ Caderno de exercícios de simplicidade feliz
- ☐ Caderno de exercícios para viver livre e parar de se culpar
- ☐ Caderno de exercícios dos fabulosos poderes da generosidade
- ☐ Caderno de exercícios para aceitar seu próprio corpo
- ☐ Caderno de exercícios de gratidão
- ☐ Caderno de exercícios para evoluir graças às pessoas difíceis
- ☐ Caderno de exercícios de atenção plena
- ☐ Caderno de exercícios para fazer casais felizes
- ☐ Caderno de exercícios para aliviar as feridas do coração
- ☐ Caderno de exercícios de comunicação não verbal
- ☐ Caderno de exercícios para se organizar melhor e viver sem estresse
- ☐ Caderno de exercícios de eficácia pessoal
- ☐ Caderno de exercícios para ousar mudar a sua vida
- ☐ Caderno de exercícios para praticar a lei da atração
- ☐ Caderno de exercícios para gestão de conflitos
- ☐ Caderno de exercícios do perdão segundo o Ho'oponopono
- ☐ Caderno de exercícios para atrair felicidade e sucesso
- ☐ Caderno de exercícios de Psicologia Positiva